*Ich weiß,
du wärst bei mir,
wenn der Himmel
nicht so weit
weg wäre ...*

Platz für ein Foto

Ein geliebter Mensch ist gestorben, und du wirst schier wahnsinnig bei dem Gedanken, ihn nie wieder zu sehen.

Überall fehlt er.

In diesem Trauertagebuch kannst du alle Erinnerungen an schöne und schlimme Tage eintragen. Schreib dir alles von der Seele, womit du nicht klarkommst, seit dein geliebter Mensch dich für immer verlassen hat.
Hier kannst du verarbeiten, was dir den Boden unter den Füßen wegzieht.

Hier hat deine Trauer einen Platz.

Aber bedenke: <u>Dieses Buch ist kein Ersatz für eine Therapie oder für eine professionelle Trauerbegleitung. Es kann dich jedoch im Alltag unterstützen und dir Tag für Tag mehr Kraft verleihen.</u>

Dein Name

geboren

gestorben

Das Leben mit dir war ...

Am Ende war es ...

Das haben wir gerne zusammen gemacht:

Das habe ich an dir geliebt:

Damit konntest du mich auf die Palme bringen:

Das konntest du besonders gut:

So haben dich andere Menschen gesehen:

Deine Lieblingsorte:

Deine Arbeit & Hobbys:

Mein Leben ohne dich ...

Auf den Flügeln der Zeit fliegt die Traurigkeit dahin.
(Jean de la Fontaine)

*Leben ist wie Schnee. Du kannst ihn nicht bewahren.
Trost ist, dass du da warst. Stunden, Monate, Jahre.
(Herman von Veen)*

Du siehst die leuchtende Sternschnuppe nur dann, wenn sie vergeht. (Friedrich Hebbel)

*Der Nachtwind bringt Erinnerungen
und eine Welle verlief im Sand.
(Rainer Maria Rilke)*

Die Bande der Liebe werden mit dem Tod nicht durchschnitten.
(Thomas Mann)

Mit der Trauer leben heißt anders leben.
(Klaus Ender)

Was man tief in seinem Herzen besitzt, kann man durch den Tod nicht verlieren.
(Johann Wolfgang von Goethe)

*Ich bin nicht tot, ich tausche nur die Räume.
Ich leb' in euch und geh durch eure Träume.
(Michelangelo)*

*Es ist mit deinem Tod das letzte Wort noch nicht gesprochen.
Denn das letzte Wort soll "Liebe" sein.
(Jochen Jülicher)*

*Erinnert euch an mich. Aber nicht an dunklen Tagen.
Erinnert euch an mich in strahlender Sonne.
Wie ich war, als ich noch alles konnte. (Unbekannt)*

Man sieht die Sonne langsam untergehen, und erschrickt doch, wenn es plötzlich dunkel ist. (Franz Kafka)

Der Mensch ist erst wirklich tot, wenn niemand mehr an ihn denkt.
(Bertold Brecht)

Die Erinnerung ist das einzige Paradies, aus dem wir nicht vertrieben werden können.
(Jean Paul)

Mit jeden Menschen sterben auch die Toten, die nur in ihm noch gelebt hatten. (Richard von Schaukal)

Das kostbarste Vermächtnis eines Menschen ist die Spur, die seine Liebe in unseren Herzen zurückgelassen hat. (Irmgard Erath)

Nichts lässt uns so sehr auf ein Wiedersehen hoffen, wie der Augenblick des Abschieds. (Unbekannt)

Du siehst alles ein bisschen klarer mit Augen, die geweint haben.
(Marie von Ebner-Eschenbach)

Gegen Schmerzen der Seele gibt es nur zwei Arzneimittel: Hoffnung und Geduld. (Pythagoras)

Du darfst trauern, so lange du es brauchst. In dein Herz können nur die Toten sehen. (Petra A. Bauer)

Impressum
P. Bauer
Kiefheider Weg 10
13503 Berlin
Umsatzsteuer-ID: DE212057718

Printed in Germany
by Amazon Distribution
GmbH, Leipzig